I0693677

alejandro colanzi zeballos

Código Penal Boliviano:
un abordaje criminológico

Autor   *Alejandro Colanzi Zeballos*
Ilustración   *Arminda Suárez*
Diseño de tapa   *Luis F. Nuñez Vela Carvalho*
Diagramación   *Luis F. Nuñez Vela Carvalho*

Código Penal Boliviano: un abordaje criminológico
A. Colanzi Zeballos
29 páginas

Santa Cruz de la Sierra, Bolivia.
2024

CONTENIDO

DEDICATORIA

En un encuentro internacional denominado "vuelo del picaflor" realizado en Rímini (Italia) por el Centro Piu Manzú, escuché un cuento maravilloso supuestamente proveniente del África. Relata sobre un gran incendió que recorrería velozmente y provocaba una estampida de animales para salvarse; y, de repente aparece un picaflor volando en sentido contrario de los animales y aparentemente iba al encuentro del fuego, llevando una gota de agua en su pequeño pico. Todos los animales le advierten que de la vuelta y trate de salvarse, replicando el picaflor que tenía que apagar el fuego. Los animales le dicen que con una gota no apagará el incendio. Él respondió … "yo haré mi parte y mi mejor esfuerzo".

Una cosmovisión de solidaridad en una sociedad profundamente interrelacionada: soy en cuanto soy ser social.

Cuando mi nieta, mis hijos y las generaciones a la que ellos pertenecen, me pregunten ¿qué hiciste para corregir la perversa ignominia?, podré responder que contribuí con una gotita de agua para aliviar la vorágine salvaje de la violencia en la sociedad que les toca vivir.

Es por ello que les dedico esta gotitia a mis hijos, mi nieta y sus generaciones.

Aunque he declarado mi crítica a la criminología clínica[1] en su visión epistemológica, no puedo desconocer su aporte al triplete de su método: diagnóstico, pronóstico y tratamiento. Este trabajo pretende contribuir a la base del triplete, al diagnóstico epistemológico, filosófico y sociohistórico; el pronóstico y más aún el reto que constituye el tratamiento o propuesta para corregir o redireccionar, los dejo de lado.

---

1   Colanzi Zeballos, Alejandro. Criminología clínica: ¿elemento de cambio o de control social?, En: Reflexiones criminológicas y penales. Kdp Print, Us, 2022 2da. edición. Pág. 24.

AGRADECIMIENTOS

Un antiguo amigo, a quien conocí en el Encuentro Latinoamericano de Criminología Crítica, que organicé y presidí el año 1992, de nombre Idón Moises Chivi Vargas, profesor de criminología de la Universidad de Oruro, me hizo una llamada telefónica, siendo él Viceministro de Justicia Comunitaria en el Ministerio de Justicia, el año 2010. Entre los años 2006 al 2009 ejerciendo mi diputación y él en función de gobierno, profundizamos nuestra relación académica y de amistad; aunque siempre le dije que él era un lujo intelectualmente incomprendido en su gobierno. A finales del año 2009, en el tiempo de adecuación de los diversos cuerpos legales a la nueva Constitución Política del Estado (CPE) como esta mandaba, me consultó sobre la posibilidad de que yo adecuara el código penal a aquella, más aún habiendo sido un "constituyente" parlamentario.

Me trasladé a La Paz y en una reunión con la Ministra de Justicia, la Viceministra de Justicia, el Viceministro de Justicia Comunitaria y la representación de Naciones Unidas, me plantearon que complemente una propuesta aparentemente inconclusa de un grupo foráneo que venía trabajando desde el 2005, cuyo borrador conocía. Rechacé la oferta porque no se adecuaba a la CPE promulgada en febrero del 2009; y, porque tenía una metodología de casi compartimientos estancos entre sus autores diversos. Manifesté la necesidad de construir un nuevo código penal a partir de la nueva CPE, coherente y consecuente con su cosmovisión; lo cual fue aceptado y planteé que se debía conformar un equipo bajo mi dirección (criminológica y penalista), compuesto por un sociólogo (Jean Paul Feldis), dos penalistas (Blas Aramayo Guerrero, hoy fallecido; y, Clemente Espinoza Carballo) lo cuál fue aceptado por unanimidad.

Envié a NN.UU la justificación epistemológica e histórica, que incorpora una parte del presente trabajo, conversé y constituí el equipo arriba nombrado, esperando el contrato que sí llegó y remití inmediatamente con las firmas y hojas de vida del equipo y mientras esperábamos el primer desembolso establecido para iniciar trabajos, hablamos con posibles asistentes, técnicos en computación, etc.

Pasaron los días sin resultado alguno hasta que el compañero Idón Chivi Vagas me llama para decirme que NN.UU y la Ministra habían desistido debido a la presión del entonces Presidente la Cámara de Diputados Hector Enrique Arce Zaconeta había presionado para que su equipo de profesionales se adjudique el trabajo.

De igual forma, aprovechando el impulso aproveché para hacer el abordaje que hoy publicamos.

Mi agradecimiento póstumo a Idón Chivi Vargas y Blas Aramayo Guerrero. A Clemente Espinoza Carballo y a Jean Paúl Feldis, por su firme decisión.

INTRODUCCIÓN

¿Cómo entender nuestra legislación en una latinoamérica tan inequitativa socioeconómicamente, diversa socioculturalmente y de una profunda debilidad institucional de la que podemos sostener que muchos se constituyen ya en Estados fallidos, desde un abordaje republicano de democracia social y de derecho?

No seré tan ambicioso para abarcar la legislación y su relacionamiento socio histórico de esta nuestra latinomérica; tan sólo intentaremos encarar en una Bolivia cuyo Código Penal ha cumplido 50 años de "vigencia (1973-2023). Y, entrecomillamos lo de vigencia por las múltiples modificaciones realizadas, como veremos en la presente investigación que comparto.

Un gran amigo, politólogo, José Ortiz Mercado,[1] lanza una graficación respecto a nuestra entonces Constitución Política del Estado (CPE), identificándola con el ekeko boliviano, aquella figura que simboliza la abundancia y que lleva colgado del cuello todo y de todo, así como dinero también lleva comestibles, casas, corazones, etc. José (Josesito como se lo llamaba) con esta imagen quería mostrar pedagógicamente las incoherencias epistemológicas e ideológicas de nuestra entonces CPE, que ya si bien se encontraba preñada de constitucionalismo social,[2] pero también coexistían figuras provenientes de otras cosmovisiones epistemológicas; dicho de otro modo y también en el imaginario popular, era una caja fuerte, ya que nadie sabe la combinación.

Considero que el ekeko es una buena graficación para la legislación en general en nuestro continente latinoamericano. Aunque me quedo con el término quéchua de CH'ENCO (que significa enredo, confusión, caos, ensalada, etc.) que no es excluyente del ekeko, para asociar a los códigos, en particular con sus códigos penales en los que se encuentra el boliviano, como no podía ser de otra manera.

Mi maestro y amigo Raúl Eugenio Zaffaroni en una clase (1987,

---

1 Cuando lo invito a encarar una cruzada hacia una constituyente, el año 2000, y extendiendo la invitación a Marcial Fabricano y al juez Alberto Costas Obregón (este último se aleja y pretendió abanderarse unilateralmente de la acción, fracasando prontamente).

2 Desde el año 1938 Bolivia se inicia en la corriente del Constitucionalismo Social.

en el Zulia, Venezuela) parafraseaba a un investigador y amigo mutuo, el portoriqueño José María Rico, quién se adentra a explicar este fenómeno señalando que los códigos son confeccionados por cartas, agregando Zaffaroni que estas eran mal traducidas, a lo cual yo agregué que además algunas notas epistolares se extraviaban.[1] El resultado es que tenemos a unos monstruos epistemológica e ideológicamente hablando, a unos Frankenstein, como cuerpos legales.

En el intento de entender lo anterior para trasmitir y compartirlo con una mirada diferente, lo hago desde eso que la Real Academia Española (RAE) titula como "circunstancias"[2] y que la entiende como "accidentes de tiempo… que están unidos a la sustancia de un hecho o dicho; coyuntura…coincidencia, condicionante, eventualidad …; y, la "casualidad"[3] como "combinación de circunstancias que no se pueden prever ni evitar…es sólo complemento y forma de manifestación de la necesidad. En el proceso de desarrollo, la necesidad y la casualidad pasan de una a otra". Es casualidad o circunstancia (recostarse en el árbol, debajo de la fruta madura) en relación al sujeto (Newton[4] y su búsqueda) observado, no así desde su propio proceso (el árbol y la manzana: no es del árbol ni la manzana porque tienen su propio proceso y sus propias circunstancias -¿viento?-).

Y, respecto a ello también debemos ver otros autores, como Gabriel René Moreno nos habla del "consorcio de circunstancias"[5] el año 1989; y, también a José Ortega y Gaset[6] que el año 1914 nos plantea el "soy yo y mis circunstancias".

La idea es no caer en la reduccionista historiografía cronológica de la información: cuándo y qué se da.

1 Colanzi Zéballos, Alejandro. Búsqueda criminológica. USA. 2da. edición, 2022. Pág. 74.
2 Real Academia Española. Diccionario. Madrid, 1992. Tomo I, pág 481.
3 Idem. Pág. 437.
4 Colanzi Zeballos, Ob. Cit. 2022. Pág. 90.
5 Moreno, Gabriel René. Los últimos días coloniales en el Alto Perú". Ed. Juventud. La Paz, 1978. Pág. 27.
6 Ortega y Gaset, José. Meditaciones sobre el Quijote. 1914. Pág. 12.

I. ANTECEDENTES

Es necesario hacer un breve análisis de la situación actual del Código Penal; veamos:

I.1. La matriz ideológica del código penal boliviano

Pretender coherencia ideológica en el Código Penal Boliviano es como encontrarla en el "ekeko" antes señalado por José Ortiz, o en un ch'enko.

Para entender mejor lo incomprensible trataremos de abordarlo desde el "nacionalismo revolucionario" que emerge en la guerra del Chaco (1932-1935), en la que Bolivia y Paraguay se enfrentan y que apenas son peones de dos reyes petroleros que se disputan un producto: el petróleo. Allí, la crudeza de lo acontecido posibilita preñar de una conciencia diferente a las nuevas generaciones, o lo que sobrevive de ellas, y parir una visión, la del "nacionalismo revolucionario", que perdura hasta nuestros días, transversalizan los diferentes discursos ideológicos partidarios.

Sólo es así que dos momentos sociohistóricos diferentes (democracia y dictadura) contienen un común denominador: el código penal. "Es un espacio donde lo más variado se transforma en camino de la revolución nacional".[1]

Con ese abordaje sintético previo, diremos que durante el gobierno de facto del Gral. Hugo Banzer Suárez[2] se crea una comisión de "notables" a la que se le encomendó la elaboración de nuevos cuerpos legales, la misma que desempolva el anteproyecto que casi una década antes habría confeccionado la Comisión Codificadora del código penal, nombrada por el Presidente Víctor Paz Estenssoro[3] en 1962 y conformada por Manuel Durán Padilla, Hugo Cesar Cadima

---

1 Antezana, Luis H. Sistema y proceso ideológico en Bolivia; en: Bolivia hoy. Editorial Siglo XXI, México 1983. Pág. 70.

2 Se erige con un cruento y sangriento golpe de Estado contra el populista Juan José Torrez. Banzer se constituyó en una pieza del Plan Condor, digitado desde el Comando Sur -guanición militar norteamericana- en Panamá.

3 Gobierno elegido en las urnas y que no fue ajeno a la tradición boliviana de los vicepresidentes -y/o ministros- que terminan haciendo golpe de estado al electo presidente; hecho que abunda en nuestra historia boliviana.

Maldonado, Raúl Calvimontes Núñez del Prado y Manuel José Justiniano. Es así que el Gral. Banzer Suárez en fecha 23 de agosto de 1972 aprobó el Código Penal mediante Decreto Ley No. 10426.

A decir de un integrante de la Comisión de 1962 que elaboró el antes mencionado Anteproyecto, el Código de 1972, "su estructura y sistemática ... no son otras que las mismas del Anteproyecto" confeccionada por dicha comisión de 1962, quien entregó su trabajo en 1964.[1] Esta afirmación también la sostiene Villamor Lucía cuando escribe: "...en síntesis, es el mismo Anteproyecto de 1964, con leves reformas...".[2]

Si el Código Penal vigente es una copia del Anteproyecto de 1964, se tendrá que investigar el origen o la matriz ideológica del mencionado Anteproyecto. A decir de Villamor, este Anteproyecto tendría como fuentes los proyectos del español Manuel López Rey y Arrojo de 1943 y del argentino Sebastián Soler de 1961,[3] con lo que coinciden sólo parcialmente otros autores, quienes sostienen que fue este último –Soler- el que influye en dicho Anteproyecto.[4] A su vez, el proyecto de Soler se inspira en el "Códice Rocco" de 1930, elaborado por Alfredo Rocco, un sobresaliente penalista italiano que trabajó en calidad de Ministro para el régimen de Benito Mussolini.[5] Recordemos que el neoidealismo filosófico fue el norte ideológico de Mussolini; esta visión ideológica se caracterizó por estar ataviada de tecnocracia jurídica, por lo que también se la conoce como Tecnicismo Jurídico,[6] que al materializarse en cuerpos legales sobresale por utilizar al derecho penal para proteger al Estado, de allí que esos tipos penales contengan penalidades muy severas.

El Código Rocco, inspirador del nuestro, tiene un carácter autori-

---

1 Cadima Maldonado, Hugo Cesar. Cit. por : Villamor Lucía, Fernando. Apuntes de Derecho Penal boliviano, parte general. Ed. Popular. La Paz. Año 1995. pág. X.
2 Villamar Lucía, Fernando. Ob. Cit. pág. 29.
3 Idem. Pág. 29.
4 Bustos, Juan y Valenzuela, Manuel. Derecho Penal Latinoamericano Comparado. Parte General. T. 1. Edic. Depalma. Bs. As. 1981. pág. 18.
-Instituto Interamericano de Derecho Humanos. Sistemas Penales y Derechos Humanos en América Latina (Informe final). Depalma. Bs.As. pág. 118. Este programa e informe final fue coordinado por Eugenio Raúl Zaffaroni.
5 Zaffaroni, Eugenio Raúl. Ob. Cit. pág. 118.
6 Fontán Balestra, Carlos. Tratado de Derecho Penal. T.1 2da. edición y 4ta. reimpresión. Ed. Abeledo-Perrot. Bs. As. Pág. 146.

tario[1] obviamente; así por ejemplo, en la Italia de Mussolini la violación es un delito contra " la moralidad pública y las buenas costumbres", y coincidentemente en nuestro código penal el Titulo XI del Libro 2do. agrupó a los "Delitos contra las buenas costumbres" en el cual se incluye la violación, estupro, rapto, etc., hasta que mediante la Ley 1768 del 10/03/97 en su art. 51bis sustituye –24 años después de vigencia- el mencionado título por el de Delitos contra la libertad sexual (que 2 años más tarde -1999- vuelve a modificarse), que es el bien jurídico protegido.

El Código Rocco no ve la línea divisoria entre los actos preparatorios y la tentativa; aplica medidas de seguridad a quienes ni siquiera iniciaron la ejecución de su pensamiento contrario a los intereses del Estado. Y, una característica muy particular, fue la utilización de la pena de muerte para los tipos delictivos que protegen al Estado y a las personas; esto también lo vemos en nuestro código penal -aprobado mediante Decreto Ley el año 1972- que a partir de su vigencia (1973) incorpora la pena de muerte para algunos Delitos contra la seguridad del Estado y para determinados delitos contra la vida y la integridad corporal (asesinato y parricidio). La pena de muerte sólo fue aplicada al indígena Suxo por la violación y muerte de una menor de edad en el año 1975; y, el entonces Presidente Banzer conmutó algunas otras;[2] con el advenimiento de la democracia, la pena de muerte quedó en desuso por un claro e inequívoco manejo de la Constitución Política del Estado, y posteriormente se la quita del texto oficial mediante Ley No. 1768 del 10 de marzo del 1997, adecuando la pena a la máxima de 30 años que establece la Carta Magna.

Al Código Penal le introducen una serie de modificaciones, producto de una sistematización de las críticas que durante 2 décadas había recibido.

El año 1991 se conformó una Comisión para la reforma del Estado[3] y que concluye el 1993 cuando se promulga la Ley de Necesida-

---

1   Zaffaroni, Eugenio Raúl. Manual de Derecho Penal. Parte General. 6ta. edición. EDIAR. Bs. As. 1988. pág. 276.

2   El autor, siendo estudiante de derecho y presidente de curso, generó un movimiento estudiantil y juvenil para conmutar la pena de muerte a un sastre condenado. El último D.S. dictado por el presidente de facto fue el de la conmutación que propiciamos.

3   Encabezada por Huascar Cajías y en la que el autor también participó como único cruceño y el más jóven.

des y que comienzan a materializarse el 1994. Constituyó la mayor reforma a la Constitución de 1.967 y se reflejó en las leyes. Es así que en 1995, mediante Ley No. 1674 del 15/12/95 se promulga la "Ley contra la violencia en la familia o doméstica", y también mediante Ley No. 1602 se promulga la "Ley de abolición de prisión y apremio corporal por obligaciones patrimoniales"; mediante Ley No. 1685 del 02/02/96 se promulga la ley de "Fianza juratoria contra la retardación de justicia", así también tenemos la Ley 2033 del 29/10/99 que introduce modificaciones al Código Penal en lo referente a los delitos contra la libertad sexual, pero es la antes mencionada Ley No. 1768 la que introduce una cantidad significativa de modificaciones.

Si analizamos la matriz ideológica del actual Código de Procedimiento Penal (1.999), que esencialmente es garantista, prioriza los derechos y garantías de las personas, vemos que en su esencia guarda coherencia con la modificación antes mencionada, de la Constitución Política del Estado (1.967 y la del 2009), lo que no sucede con el Código Penal (1.972). Nuestro Código Penal tiene un desfase ideológico, histórico y político, de allí la necesidad de su reforma. Las modificaciones introducidas, tan solo agudizan esas contradicciones.

Subsumir los derechos de los ciudadanos frente a los supuestos intereses generales del Estado o la "Comunidad" pertenece a una matriz ideológica superada, más aún cuando vivimos en un mundo que va consolidando una globalización, además de la fuerte tendencia a profundizar y consolidar los valores democráticos. Los regímenes de facto quedaron en la historia, aunque perduran en un cuerpo legal como el Código Penal, después de 40 años de democracia ininterrumpida.

I.2. Los vacíos y el desorden actual

Luego de más de veinte años de vigencia inalterada del denominado Código Penal Banzer, a través de la Ley N° 1768 de 10 de marzo de 1997 se procede a una considerable modificación – y sustancial- de dicho cuerpo normativo penal incorporando como aportes significativos de carácter general:
-El fortalecimiento del Estado de Derecho y de la protección de las garantías individuales.

-Se incorpora una nueva fórmula del estado de necesidad.

Además de esas modificaciones sustanciales que tratan de convertir al Código Penal en un instrumento jurídico acorde a la dogmática penal moderna, se dispone la ordenación normativa y publicación del Código Penal, incorporando en su texto las modificaciones reguladas en la Ley N° 1768, sin alterar el orden correlativo de su numeración original.

A partir de ese momento, el Código Penal de manera paulatina ha sufrido modificaciones sustanciales con la promulgación de la Ley N° 1970 (25 de marzo de 1999) que en la parte relativa a Disposiciones Finales Sexta se DEROGA los artículos 57°, 59°, 60°, 61°, 62°, 63°, 64°, 65°, 66°, 67°, 68°, 69°, 72°, 94°, 99°, 100°, 101° y 102° del Código Penal.

Asimismo, en la parte de Disposiciones Finales Séptima, MODIFICA los artículos 47° (Régimen Penitenciario), 77° (Cómputo), 80 (Internamiento) y 106 (Interrupción del término de la prescripción) del Código Penal.

Ese proceso de cambio desordenado prosigue con la promulgación de la Ley de Protección a las Víctimas de Delitos Contra la Libertad Sexual (29 de octubre de 1999) que modifica el artículo 308°, incluye como artículo 308° bis, la Violación de Niño, Niña o Adolescente, incluye como artículo 308° ter, la (Violación en Estado de Inconciencia). Modifica el artículo 309° relativo al estupro; el artículo 310° relativo a las circunstancias agravantes, el artículo 312° relativo al delito de (Abuso Deshonesto), el artículo 317° (Disposición Común), el artículo 318°, el artículo 319° (Corrupción Agravada), modificase los artículos 320° (Corrupción de mayores) y artículo 321° (Proxenetismo) e incluyese como artículo 321° bis (Tráfico de Personas).

Finalmente, a través del artículo 14° de la Ley N° 2033 de 29 de octubre de 1999, se modifica el artículo 101° del Código Penal en lo relativo a la prescripción, se establecen una serie de garantías para las víctimas de delitos contra la libertad sexual y se establece como responsabilidad del Ministerio Público la de crear en coordinación con la Policía Nacional, equipos interdisciplinarios que colaboren en la investigación de las denuncias de delitos contra la libertad sexual.

Cabe hacer notar, que el artículo 101 de la Ley N° 1768 ya fue

DEROGADO con la promulgación de la Ley Nº 1970 de 25 de marzo de 1999 (Disposición Final Sexta).

Mediante la Ley Nº 2298 de 20 de diciembre de 2001, Ley de Ejecución Penal y Supervisión, se DEROGAN los artículos 49º. 50º, 51, 76, 97 y 98 del Código Penal.

Así también a través de la Ley Nº 2298, se modifican los artículos 58º, 75º y 96º del Código Penal.

a) Modificación de corta duración:

Por otra parte, a través de la Ley Nº 2494, denominada Ley del Sistema de Seguridad Ciudadana de 4 de agosto de 2003, en sus artículos 17º al 23º se realizaron modificaciones al Código Penal

Estas modificaciones solo tuvieron una corta duración, ya que por Ley Nº 2625 de 22 de diciembre de 2003, se derogan los Títulos III y IV correspondientes a los artículos 17º al 23º de la actual Ley del Sistema de Seguridad Ciudadana.

b) Otra modificación de corta duración:

Otra modificación que pasó prácticamente desapercibida, es la realizada mediante la Ley Nº 3160 de 26 de agosto de 2005, denominada "Ley Contra el Tráfico de Niños, Niñas y Adolescentes", cuyo objeto era "tipificar y sancionar el tráfico de personas menores de 18 años y otros delitos relacionados, no previstos en el Código Penal".

El artículo 2º de esta ley, tipifica el delito de: "Tráfico de Niños, Niñas y Adolescentes", el artículo 3º tipifica el delito de "Pornografía y espectáculos obscenos".

El artículo 3º deroga la última parte del art. 321º del Código Penal y sustituye el segundo párrafo de esa disposición.

También tipifica el delito de "Omisión de denuncia", sancionando a "la autoridad o funcionario público que conociere la comisión de un delito previsto por esta ley y no lo denunciare".

Esta ley concluye derogando en su artículo 6º el segundo párrafo del artículo 321 bis del Código Penal (Tráfico de Personas).

I.3. Otras modificaciones:

Mediante Ley Nº 3325 de 18 de enero de 2006, denominada Ley

Contra la "Trata y Tráfico de Personas y otros delitos relacionados", se crea el Capítulo V "Trata y Tráfico de Personas, del Título VII "Delitos Contra la Vida y la Integridad Corporal" de la Ley N° 1768 de 11 de marzo de 1997 del Código Penal, incluyéndose en el mismo, los siguientes artículos: Artículo 281° bis (Trata de Seres Humanos), Artículo 281° ter (Tráfico de Migrantes), Artículo 281 cuater (Pornografía y espectáculos obscenos con niños, niñas o adolescentes); asimismo, se modifica el primer párrafo del artículo 132 bis, incluyendo como delito de referencia la conducta de Trata de Seres Humanos, Tráfico de Migrantes.

Por otra parte, se modifica el artículo 178° (Omisión de Denuncia), se modifica el artículo 321° (Proxenetismo) y se incluye como último párrafo del artículo 324° (Publicaciones y Espectáculos Obscenos) una agravante de la pena cuando la publicación o espectáculo obsceno fuere vendido, distribuido, donado o exhibido a niños, niñas o adolescentes".

Como colorario, se deroga el artículo 321° bis (Tráfico de Personas) de fuera incorporado mediante Ley N° 2033 de 29 de octubre de 1999 y se deroga en su integridad la Ley N° 3160 de 26 de agosto de 2005.

Las modificaciones introducidas a través de la Ley N° 3160 de 26 de agosto de 2005, tuvieron una vigencia real de 6 meses y sus disposiciones fueron prácticamente desconocidas por quienes se encuentran inmersos en la aplicación del Código Penal, debido a su escasa, por no decir, ninguna difusión.

I.4. Modificaciones posteriores a la constitución del 2009:

Se debe tener presente que, en la última década y media, si bien se han introducido modificaciones al calor de coyunturas,[1] no constituyen modificación alguna a su esencia; así por ejemplo la ley 264 del 31/07/2012 del Sistema Nacional de Seguridad Ciudadana "para una vida segura", deroga los artículos 1, 3 y 4 de la ley 3325 e introduce alteraciones al código penal al modificar los artículos 178, 281 bis, 321, 321 bis y 323 bis y se incorporan al código penal los artículos

1 Por violaciones o muertes muy publicitadas, la clase política oportunista ha planteado irracionalidades jurídicas como respuesta, principalmente el endurecimiento de las penas; algunas, se transformaron en reformas.

203 bis, 321 ter y 322.

La Ley 045 del 08/10/2010 contra el "racismo" y toda forma de discriminación, además de deslegitimar o contravenir la visión de la Constitución cuando esta califica como DISCRIMINACIÓN por color de piel y la ley reproduce la categoría colonialista de "raza o racismo",[1] introduce modificaciones al Código Penal en dos sentidos: 1) incorpora el artículos 40 Bis, el Capítulo V en el Titulo VIII del Libro Segundo, que agrega los artículos 281 Bis, 281 Ter, 281 Quater, 281 Septieser, 281 Octies ; 2) se modifica el título VIII del Libro Segundo. Y, lo curioso es que quedan abrogadas todas las disposiciones contrarias a la ley, sin especificar cuáles.

Entre otras modificaciones, lo anterior.

---

1   Colanzi Zeballos, Alejandro. DISCRIMINACIÓN. Lo que Michel Foucault no dijo del "racismo". US, Kdp Print US, 2021. Pag: 13 y 14; 100.

II. LA PRESENCIA DE EUROCENTRISMO EN EL CÓDIGO PENAL

Coherente con la matriz ideológica, el texto original del actual Código Penal contenía la concepción de la ANORMALIDAD respecto a los indígenas, al comprenderlo como "inimputables, junto a los enajenados mentales, al intoxicado crónico, al sordo y al ciego (art. 17 y 18 –actualmente modificados-, concordantes con el art. 40 inciso 4to. del anteproyecto de 1964); este texto fue modificado el 10/03/97 mediante Ley 1768 "transformando" la inimputabilidad de la condición de INDIGENA en ATENUANTE de la pena, una situación que se adecuaba a un planteamiento de la moderna doctrina penal conocido como el "error de conocimiento y comprensión" planteado por Zaffaroni.[1] Consideramos que sigue siendo eurocentrista porque se mide el error en relación a quien lo juzga; es una excelente solución que surge dentro del enfoque antropológico del Maestro Zaffaroni.

Siempre se estudió a la COSTUMBRE como fuente del derecho y esta fue una excepción en Bolivia. Las costumbres no fueron "formalizadas, legalizadas", no cobraron la ciudadanía de leyes porque la diversidad no ha sido admitida: su matriz ideológica lo impedía en la visión penal.

De allí la necesidad de incorporar lo diverso, no en el sentido de someter, imponer o adecuar, sino más bien de convertir en derecho las estructuras de los tribunales y la normatividad de esa diversidad étnica;[2] y ahí si cobraría sentido el error de conocimiento y comprensión: entre iguales.

Promulgada la Constitución el 2009, la que determina en el parágrafo III del artículo 192 que deberá elaborarse la "Ley de deslinde jurisdiccional", la misma que es promulgada mediante Ley 073 de fecha 29/12/2010.

Esta ley se constituye en un saludo a la bandera ya que todos los

1 Zaffaroni, Eugeni Raùl. "Manual de Derecho Penal. Parte General". Buenos Aires. EDIAR. 1985. Esta solución está planteada en el Título V, Capítulo XXXI, sobre Error de prohibición, págs. 543 a 555.

2 Colanzi Zeballos, Alejandro. "Lo indígena: un análisis penal y criminológico" en "Reflexiones Criminológicas y Penales". Santa Cruz-Bolivia. Editorial Universitaria UAGRM. 1991, pág. 103.

derechos establecidos en el Capítulo IV de los "Derechos de las naciones y pueblos indígena originario campesinas" (artículos 30, 31 y 32) que en específico en el inciso 14 del parágrafo II del artículo 30 establece que gozan "Al ejercicio de sus sistemas políticos, jurídicos y económicos de acuerdo a su cosmovisión", estos ejercicios son reducidos a su mínima expresión; pese a darle la misma jerarquía que a las "jurisdicciones ordinaria, agroambiental y otras jurisdicciones…" (artículo 3ero.) en la antes aludida Ley de Deslinde Jurisdiccional.

Asimismo, la Ley 073 inicia limitando el "ejercicio de sus sistemas políticos, jurídicos y económicos" en el parágrafo III del artículo 5 cuando señala que "…no sancionarán" una serie de actos que, si bien son garantizados como derechos humanos de primera generación, constituyen usos y costumbres afectadas; y, lo mismo en el parágrafo IV cuando señala que no es aceptable ninguna conciliación en relación a toda forma de violencia contra niñas, niños, adolescentes y mujeres; que, desde una perspectiva garantista, puede estar justificado.

Lo mas castrante de lo que manda la Constitución lo contiene el parágrafo II del artículo 10 (Ámbito de vigencia), en la que la jurisdicción indígena originaria campesina no alcanza a las materias siguientes: a) materia penal; b) materia civil; c) derecho laboral, derecho de la seguridad social, derecho tributario, derecho administrativo, derecho minero, derecho de hidrocarburos, derecho forestal, derecho informático, derecho internacional público y privado, y derecho agrario; y, d) otras que estén reservadas por la Constitución Política y las leyes de jurisdicción ordinaria, agroambiental y otras jurisdicciones reconocidas.

En cuanto al inciso a) de materia penal, excluye expresamente: delitos contra el Derecho Internacional, los delitos por lesa humanidad, los delitos contra la seguridad interna y externa del Estado, los delitos de terrorismo, los delitos tributarios y aduaneros, los delitos por corrupción o cualquier otro delito cuya víctima sea el Estado, trata y tráfico de personas, tráfico de armas y delitos de narcotráfico, delitos cometidos contra la integridad corporal de niñas, niños y adolescentes, los delitos de violación, asesinato u homicidio. Justificables o no, es otra discusión.

Asimismo, en el artículo 23 de la Ley 264 del 31/07/2012 de la Ley del Sistema Nacional de Seguridad Ciudadana "para una vida segura", tan sólo permite a los pueblos originarios "aprobar planes, programas y proyectos…en sujeción al Plan Nacional de Seguridad Ciudadana"; dicho de otra manera, no amplía o modifica lo establecido en la Ley de Deslinde Jurisdiccional.

III. DESCOLONIZACIÓN: MANDATO CONSTITUCIONAL

El artículo 9no parágrafo 1ero de la Constitución actual señala que son fines y funciones esenciales del Estado "...constituir una sociedad...cimentada en la DESCOLONIZACIÓN...". Este mandato guarda directa relación con el punto c) anterior, pero también en la no reproducción en tanto sea posible, de un Estado republicano y contractualista impuesto sin observar la realidad de la simbiosis pre y colonial; sin aprender de ella.

IV. JUSTIFICACIÓN

Por todo lo anteriormente expuesto, consideramos imprescindible encarar la reforma profunda del CODIGO PENAL, adecuándolo al momento en que Bolivia vive, inmersa en el contexto mundial y fundamentalmente de reconocimiento de su diversidad, de su inequidad social y económica y de su profunda debilidad institucional que permite que el poderoso -política, económica y socialmente- se imponga "legalmente" ante el débil, sin tener razón o derecho alguno.

Para ello, es necesario construir un factor ordenador de dicha reforma a encarar; y consideramos que desde la criminología podríamos incorporar algunos aportes.

V. OBJETO DE ESTUDIO DE LA CRIMINOLOGÍA

Se ha sostenido que la criminología –en Abya Yala -,[1] y obviamente en Bolivia, tiene que ser concebida como una teoría crítica del control social,[2] y cuyo objeto de estudio principal será la "discusión racional de las relaciones de poder",[3] poniendo en un plano no principal el estudio de lo criminalizable.[4] Este desbordamiento, en cuanto al viejo objeto de estudio de la criminología, es válido y justificado históricamente, aunque concebirlo de una manera tan amplia provoca una sensación de incertidumbre.[5] Por ello, el objeto principal de estudio de una criminología de Abya Yala debe ser LO CRIMINALIZABLE, como producto de las relaciones de poder. En realidad, significa partir de lo concreto (lo criminalizable), a lo general (las relaciones de poder), lo que nos permitirá delimitar el estudio y no divagar en algo tan general y tan difuso; además, esta propuesta nos ofrece un hilo conductor que asegurará no desviarnos de ese objeto de estudio. Y este tendrá que ser el conductor de ese trascendente e histórico proyecto de investigación sobre el control social en Abya Yala.[6]

Por ser instrumento a utilizar en aquella investigación sobre el control social, es que se intentará hacerlo útil, permitiendo su manejo en distintos aspectos. Este término implica dos perspectivas a seguir. La primera, es el estudio de las conductas criminalizadas como resultado de contradicciones –de/y- en coyunturas socio-históricas

---

1 Albó, Xavier. "Cuarenta naciones en una"; en: Revista CUARTO INTERMEDIO, No. 6. Edit. Compañía de Jesús en Bolivia. Cochabamba, 1988. Pág. 39. Abya Yala (tierra en plena madurez) es el nombre en lengua Cuna (panameña) le diera un aymara a nuestro continente.
2 Aniyar de Castro, Lola; "Conocimiento y orden social: Criminología como legitimación y criminología de la liberación"; Maracaibo; Universidad del Zulia; 1981; pág. 33.
Aniyar de Castro, Lola; "Criminología de la liberación"; Maracaibo; Ediluz, 1977, pág. 34.

3 Aniyar de Castro, Lola. En: Seminario sobre La nueva criminología en América Latina. Situación actual y perspectivas. Maracaibo, 1988.
4 Aniyar de Castro, Lola. "Conocimiento y orden social: criminología como legitimación y criminología de la liberación". Edit. Universidad del Zulia. Maracaibo, 1981. Pág. 45
5 Colanzi Zeballos, Alejandro; "Desideologizar para ideologizar; en pos de una criminología por la paz"; ponencia presentada al Encuentro Internacional por la paz, el desarme y la vida; Mérida-Venezuela 1988; mecanografiado; pág.6 y 7.
6 Uno de los grandes aportes –por su importancia histórica- de la Dra. Lolita Aniyar de Castro a las generaciones de Criminólogos y penalistas de Abya Yala,

concretas: las relaciones de poder y el control social no serán manejadas en general sino en cuanto criminalicen. Se estudiará en esta perspectiva cuáles han sido las razones socio-políticas y económicas y los mecanismos que han hecho posible esta situación.

La segunda perspectiva se subdivide en dos vetas de investigación a seguir. Ambos parten de una reconceptualización de lo concebido como lo antisocial. Ya planteamos la redimensión de dicho concepto,[1] siendo mejorado posteriormente,[2] llegando a concebirlo como "Todo aquel comportamiento humano que va contra el bien común...";[3] y, el bien común es explicado por el Concilio Vaticano II como "...el conjunto de las condiciones de la vida social que hacen posible, a las asociaciones y a cada uno de sus miembros, el logro más pleno y más fácil de la propia perfección", lo que coincide con lo sostenido por la III Conferencia General del Episcopado Latinoamericano reunido en Puebla, que sostuvo que el bien común consiste "... en la realización cada vez más fraterna de la común dignidad, lo cual exige no instrumentalizar a unos a favor de otros y estar dispuesto a sacrificar aún bienes particulares";[4] dentro de la misma óptica el Papa Juan XXIII, en sus encíclicas Pacem in Terris (Paz en la Tierra) [5]y Mater et Magistra (Madre y Maestra),[6] define el bien común como el conjunto de las condiciones sociales que permiten y favorecen en los seres humanos el desarrollo integral de su persona. El antisocial no necesariamente quebranta la ley, ya que generalmente su conducta no es tipificada como delito, como por ejemplo las conductas de saqueo de las arcas del Estado o el genocidio, o lo que se conoce como comisión por omisión (que es muy generalizado y no criminalizado), etc., y si lo es, por el ejercicio del poder, sale airoso; asimismo, son antisociales aquellos que teniendo en sus manos la dirección de un grupo de personas, grande o pequeño, les niegan las posibilidades de

1   Colanzi Zeballos, Alejandro; "Delincuencia privilegiada"; Santa Cruz; Editorial Cabildo; 1985; pág. 10.

2   Colanzi Zeballos, Alejandro; "Granja de Espejos: ¿aberración jurídica o lucha de clases?; Editorial Cabildo; Santa Cruz 1987; págs. 20 y 21.

3   Rodríguez Manzanera, Luis; "Crimonología"; Editorial Porrúa S.A.; México 1979; pág. 21.

4   CELAM; Puebla; Editores: Paulinas y Presencia; Bolivia 1979; pág. 108.

5   Juan XXIII, "Pacem in Terris"; en: Ocho grandes mensajes; Editorial B.A.C.; Madrid 1974; 7ma. Edición; pág. 227.

6   Juan XXIII; "Mater et Magistra"; en: Ocho grandes mensajes; ob. cit. pág. 152.

realizarse como humanos, sometiéndolo a situaciones infrahumanas y no respetando su dignidad ni sus vidas.

La pregunta que necesariamente surge: ¿existe y qué es el bien común?. Creemos que los aportes relaciones con dicho tema específico (intereses generalizables o bien común), efectuado por los esposos Herman y Julia Schwendinger,[1] Alessandro Baratta[2] y Lolita Aniyar de Castro,[3] también tendrán que ser revisados.

Por otro lado, en este segundo nivel podemos tener también dos vetas de investigación a seguir, como señalamos anteriormente. Una primera veta a investigar es respecto al uso del poder en cuanto se torna en antisocial o produce condiciones antisociales; y, este uso de poder será estudiado simultánea y paralelamente con lo criminalizado a través de la historia, tratando de comprender en cada coyuntura socio-histórica los valores imperantes y los grados de aceptación en la población. La segunda veta de investigación será más bien un producto de todo lo anterior, ya que, una vez finalizado el proyecto del Control Social, este concepto provisional de antisocial será redimensionado, permitiendo una continuidad de las valoraciones no dominantes e imperantes en la mayoría de la población.

Las dos perspectivas del objeto de estudio de la criminología tendrán tres niveles a cubrir: a) el microsocial, que implicará el análisis exhaustivo de lo concreto, incluyendo los factores psico-sociales (concepción subjetiva de la sociedad, aspiraciones o expectativas individuales y juicios de valor explícitos e implícitos); b) un nivel intermedio, que nos llevará al análisis de los mecanismos –formales e informales- que viabilizan o posibilitan la realización de dicho concreto, o sea, de las estructuras de las relaciones de fuerzas; c) el nivel macro social que cubrirá las estructuras y la naturaleza de los

1 Schendinger, Herman y Julia. "Defensores del orden o custodios de los derechos humanos? En: Criminología Crítica de Taylor, Walton y Young. Ed. Siglo XXI. México, 1977. Pág. 149 y sgtes.
2 Baratta, Alessandro; "Requisitos mínimos de respeto de los Derechos Humanos en la ley penal"; ponencia presentada al V Seminario de Criminología Comaprada, Managua-Nicaragua 19845, en: Capítulo Criminológico N. 13; Ediluz; Maracaibo 1986; págs. 79 a 99.
3 Aniyar de Castro, Lola; "La nueva criminología y los Derechos Humanos"; Mecanografiado; sin data.
Aniyar de Castro, Lola; "Un debate sin punto final"; mcanografiado, sin data.
Aniyar de Castro, Lola; "La nueva criminología y lo criminalizable"; en: Revista del Colegio de Abogados Penalistas del Valle; N. 15; volumen VIII, II semestre 1986; Colombia; págs. 47 a 55.

intereses sociales y/o las condiciones socio-económicas que están detrás de dichos concretos a estudiar. Estos tres niveles cubrirán cada una de las perspectivas del objeto de estudio, no en forma mecánica y parcelaria, sino bajo una concepción de totalidad compleja.